"Estudia cómo invertir en foreclosure y demuestra tu éxito a aquellos que predijeron tu fracaso"

Recuerda, muchos no buscan aprender lo desconocido, pero son muchos más quienes buscan enseñar lo que no saben!

PROLOGO

Bienvenidos a "Desbloqueando Oportunidades: Triunfa en inversiones a través del Foreclosure"
Este libro manual es una brújula para aquellos que deseen adentrarse en el mundo de las inversiones inmobiliarias a través de ejecuciones hipotecarias (Foreclosure), explorando un terreno que, si bien puede parecer complejo, ofrece oportunidades significativas para inversores astutos y perspicaces.

En la era actual, la industria inmobiliaria se ha convertido en un campo de interés tanto para aquellos que buscan estabilidad financiera a largo plazo como también para quienes desean diversificar sus carteras de inversión o simplemente poner a trabajar algún dinero que tengan ahorrado sin plan alguno.

Este libro está diseñado para servir como un manual que aborda desde los conceptos básicos hasta las estrategias avanzadas en las inversiones inmobiliarias en Foreclosure

Desde entender el proceso de foreclosure y las implicaciones legales (a nivel referencial) hasta identificar oportunidades lucrativas y mitigar riesgos, cada capítulo está elaborado con el propósito de brindar una visión integral y práctica para el lector interesado en ese sector.

A lo largo de estas páginas, descubrirás herramientas, consejos y ejemplos concretos que te ayudarán a comprender como aprovechar las ejecuciones hipotecarias (Foreclosure) como una oportunidad para construir riqueza y obtener rendimientos sólidos en el mercado inmobiliario.

Recuerda, invertir en foreclosure no solo se trata de adquirir propiedades a precios inferiores a su precio de mercado, sino también de comprender el panorama completo: desde la investigacion exhaustiva hasta la estrategia mas adecuada.

Te invito a sumergirte en estas páginas y explorar el mundo de las inversiones inmobiliarias en foreclosure, donde la información y perspicacia se convierten en las herramientas mas valiosas para tu éxito.

Solo espero que este libro sea tu guía en tu viaje hacia el conocimiento y la prosperidad en las inversiones en foreclosure.

Introducción:

1.- Breve definición de foreclosure y su importancia en el mercado inmobiliario.

2.- Objetivos del libro: Proporcionar una guía completa para invertir con éxito en propiedades en foreclosure

Capítulo 1: Fundamentos del Foreclosure:

1.- Significado de que una propiedad esté en foreclosure.

2.- Definición detallada de foreclosure y su papel en el mercado inmobiliario.

3.- Requisitos para que una propiedad caiga en foreclosure.

Capítulo 2: Tipos de deudas que conducen a Foreclosure:

1.- Deudas hipotecarias y sus tipos.

2.- Tipos de crédito que afectan negativamente la inversión en una ejecucion hipotecaria (foreclosure).
3.- Deudas de asociaciones o propietarios (HOA).
4.- Gravámenes o liens y cómo afectan a la propiedad.

Capítulo 3: Proceso de Foreclosure- Desde el Pre-Foreclosure hasta la Subasta:

1.- Concepto de Pre-foreclosure y como funciona.
2.- Short sale como alternativa para evitar un foreclosure.
3.- Descripción del proceso de Subasta y su importancia.

Capítulo 4: Notificaciones claves en el Proceso de Foreclosure.

1.-Notice of Lis Pendens: Significado y consecuencias.

2.- Notice of Foreclosure Sales: Información sobre la próxima subasta.

3.- Foreclosure Judgment Entered: Confirmación legal del foreclosure.

4.- Notice of Default: Indicador temprano del incumplimiento del préstamo.

5.- Notice of Trustee Sale: Anuncio formal de la subasta.

Capítulo 5: Investigación profunda : Antes de ofertar en subasta por una propiedad.

1.- Motivo de la demanda.

2.-Hipotecas pendientes y sus tipos.

3.- Asociaciones a las cuales pertenece la propiedad (si la propiedad está dentro de alguna).

4.-Liens o gravámenes que pueda tener la propiedad

5.- Violaciones a los códigos de construcción del condado.

6.- Permisos de construcción vigentes y/o cerrados.

7.- Historial de la propiedad.

8.- Evaluación del vecindario.

9.- Evaluación del atractivo y potencial de la propiedad para ser negociada.

Capítulo 6: Cancelación de subastas: Razones por las cuales pueden cancelar una subasta.

1.- Cancelación por el "County" o Condado.

2.- Cancelación por "order" u Orden de la Corte.

3.- Cancelación por "redeemed" o Redención

4.- Cancelación por "bankruptcy" o bancarrota.

5.- Cancelación por "bidder walker away" o "postor que abandona".

6.- Cancelación por "vacated/reset After Sale" o anulado/reiniciado después de la venta.

7.- Cancelación por "judgment vacated/Dismissed" o Sentencia Anulada/Desestimada.

8.-Cancelación por "rescheduled" o reagendado.

Capítulo 7: "Maestría en Subastas: Las estrategias claves para entender las subastas y obtener el éxito"

1.- Paciencia Estratégica: La Clave del Éxito.
2.- Proyección de Ganancias Potenciales, siempre basándonos en nuestra inversión inicial.
3.- Estableciendo Límites de Inversión: Maximizando las Ganancias. Techo máximo de riesgo.
4.- Lectura Detallada y comprensión de la Información ofrecida en el cuadro de la Corte.
5.- Comprendiendo la Distribución de Pagos en la Corte.

Capítulo 8: "El Funcionamiento de las Subastas: Diferencias Clave con la Compra en el Libre Mercado de propiedades"

1.- Inspecciones pre-compra.
2.- Créditos para compra.
3.- Compra de la propiedad a mi gusto y exigencias.
4.- Que determina el precio de venta de la propiedad en la subasta?

Capítulo 9: "Recuperación de la Propiedad en Subasta por parte del dueño : Oportunidades, Plazos y Requisitos"

1.- Tiempos de redención o "redemption time"

Capítulo 10: Preparación Integral para Participar en Subastas: Requisitos Fundamentales

1.- Entendiendo y conociendo el Proceso de Subastas de Ejecuciones Hipotecarias o foreclosure.
2.- Constituir un Equipo de trabajo Profesional.
3.- Conocimiento preciso de los recursos financieros disponibles.

Capítulo 11: "Procedimiento tras ganar una Propiedad en Subasta de Ejecución Hipotecaria"

1.- Obtención de la posesión física de la propiedad.
2.- Verificación del estado físico de la propiedad.
3.- Obtención de las llaves y documentación.
4.-Negociación de deudas pendientes.

Capítulo 12: Desmontando Mitos: La Verdad sobre las Subastas Inmobiliarias en Florida.

Capítulo 13 :Conclusiones generales

INTRODUCCION

La ejecución hipotecaria, conocida como "foreclosure" en inglés, es un proceso legal que ocurre cuando un propietario no puede cumplir con los pagos de su hipoteca, lo que lleva al prestamista a tomar posesión de la propiedad para recuperar la deuda pendiente. Este fenómeno, aunque puede representar dificultades para los propietarios, también brinda oportunidades únicas en el mercado inmobiliario para inversores astutos.

En este libro, el objetivo es sumergirnos en el mundo de las propiedades en ejecución hipotecaria, ofreciendo una guía exhaustiva y detallada para aquellos interesados en invertir con éxito en este mercado.

Desde comprender los aspectos legales y financieros hasta identificar las mejores oportunidades, nuestro propósito es equipar a los lectores con el conocimiento y las estrategias necesarias para aprovechar al máximo el potencial de las propiedades en foreclosure y construir un portafolio inmobiliario sólido y rentable.

"**Que la inversión sea tu pasión** y **el camino hacia un futuro próspero y seguro**"

Capítulo 1: Fundamentos del Foreclosure.

El hecho de que una propiedad se encuentre inmersa en una subasta de ejecución hipotecaria o foreclosure significa que el propietario no ha podido mantener los pagos de su hipoteca (mortgage); o posiblemente esté en franco atraso con las cuotas de la o las asociaciones de las cuales sea integrante la propiedad, o también es posible que se haya atrasado o negado a pagar algún servicio que haya sido prestado a la propiedad por parte de algún proveedor de servicios.

Cuando el titular de la propiedad no cumple con cualquier pago correspondiente y relacionado con la misma, el acreedor o prestamista tiene el derecho legal de tomar la propiedad para venderla en subasta y asi recuperar la cantidad adeudada.

El "foreclosure" (o ejecución hipotecaria) es un proceso legal mediante el cual un prestamista toma posesión de una propiedad inmobiliaria debido al incumplimiento de pagos por parte del propietario. Este proceso es una medida que el prestamista toma para recuperar la deuda pendiente cuando el propietario no ha cumplido con los términos y condiciones del préstamo hipotecario.

Papel en el Mercado Inmobiliario:

1.-Impacto en los precios: Las propiedades en ejecución hipotecaria suelen venderse a precios más bajos, lo que puede afectar el valor de las propiedades cercanas en el mercado.

2.-Oportunidad para compradores: Las subastas de ejecución hipotecaria pueden ofrecer oportunidades para adquirir propiedades a precios reducidos, aunque suelen implicar riesgos y requisitos especiales de compra.

3.-Equilibrio financiero: Para los prestamistas, la ejecución hipotecaria es una forma de recuperar al menos parte de la deuda pendiente. Sin embargo, puede generar costos adicionales y llevar tiempo completar el proceso.

La ejecución hipotecaria es un aspecto importante del mercado inmobiliario, ya que puede afectar tanto a los propietarios que enfrentan dificultades financieras como a los compradores que buscan adquirir propiedades a precios más bajos. Es esencial comprender los detalles legales y financieros asociados con este proceso para quienes estén involucrados en él.

Requisitos para que una propiedad pueda llegar a una ejecución hipotecaria o subasta de foreclosure:

La ejecución hipotecaria o "foreclosure" es un proceso legal que varía según la jurisdicción y las leyes locales, pero generalmente, algunos requisitos comunes para que una propiedad caiga en una subasta de ejecución hipotecaria son:

Incumplimiento de Pagos:

1.- **Pagos atrasados:** El propietario debe haber incumplido con los pagos de su hipoteca o cuotas de asociación durante un período de tiempo específico, generalmente al menos varios meses; o debe haber dejado de pagar una deuda inherente a la propiedad por largo tiempo.

2.-**Notificación y Preaviso:**

1.- **Notificación al propietario:** El prestamista está obligado a notificar al propietario sobre los pagos atrasados y los riesgos de ejecución hipotecaria, otorgándole un período de gracia para remediar la situación.
2.- **Aviso de ejecución hipotecaria:** Una vez vencido el plazo y si no se han pagado los atrasos o llegado a un acuerdo con el prestamista, se emite un aviso oficial de ejecución hipotecaria. Este aviso suele ser público y anuncia la intención de vender la propiedad en una subasta.
3. **Proceso Legal:** La ejecución hipotecaria debe llevarse a cabo según las leyes y regulaciones específicas de la jurisdicción.

Esto puede implicar trámites legales, notificaciones públicas y plazos establecidos por la ley.

Capítulo 2: Tipos de deudas que conducen a Foreclosure:

1.- Deuda de Mortgage (Hipoteca):

La deuda de mortgage o hipoteca es el préstamo utilizado para comprar una propiedad inmobiliaria. Cuando una persona adquiere una casa o un terreno y no paga el precio completo al momento de la compra, generalmente recurre a un préstamo hipotecario proporcionado por un prestamista (como un banco) para cubrir la diferencia. Este préstamo está garantizado por la propiedad misma y suele ser a largo plazo, con pagos mensuales que incluyen capital e intereses.

Si el propietario no cumple con los pagos acordados, la propiedad puede estar sujeta a una ejecución hipotecaria (foreclosure) como mencionamos anteriormente.

2.- Deuda de HELOC (Línea de crédito con garantía hipotecaria, por sus siglas en inglés):

La deuda de una HELOC es la cantidad de dinero que un propietario adeuda a través de una línea de crédito con garantía hipotecaria. Esta deuda se acumula al utilizar parte o la totalidad de la línea de crédito disponible.Es importante tener en cuenta que la HELOC está respaldada por la propiedad del prestatario, lo que significa que si no se cumplen los pagos, el prestamista puede tomar medidas para recuperar la cantidad adeudada, incluida la posibilidad de ejecutar una hipoteca sobre la propiedad.

3.- Deuda de Asociaciones (HOA, por sus siglas en inglés):

La deuda de asociaciones se refiere a los pagos pendientes a una asociación de propietarios de viviendas (HOA) o condominios.

Muchas comunidades residenciales tienen asociaciones que establecen reglas, mantienen áreas comunes y brindan servicios a los propietarios. Estas asociaciones suelen cobrar cuotas regulares a los propietarios para cubrir gastos de mantenimiento, reparaciones, seguros, entre otros. Si un propietario no paga estas cuotas, la asociación puede imponer multas, intereses y, en casos extremos, puede tomar acciones legales para recuperar los pagos atrasados.

4.-Deuda de Liens (Gravámenes):
Los liens (gravámenes) son reclamos legales sobre una propiedad para asegurar el pago de una deuda.
Los liens (gravámenes) son reclamos legales sobre una propiedad para asegurar el pago de una deuda. Pueden ser impuestos por diferentes motivos, como impuestos atrasados, juicios, facturas de servicios no pagados, entre otros.

Cuando se coloca un lien sobre una propiedad, puede afectar la capacidad del propietario para venderla, ya que generalmente se debe saldar la deuda asegurada por el lien antes de que la propiedad pueda transferirse a un nuevo propietario de manera clara y libre de cargas.

Estos tipos de deudas están relacionados con la propiedad inmobiliaria y pueden tener consecuencias significativas si no se manejan adecuadamente. Es esencial entender las implicaciones financieras y legales de estas deudas para evitar problemas en el futuro.

5.-Deudas de Impuestos (taxes):

Generalmente las propiedades cuando tienen un mortgage vigente, dentro de la mensualidad que pagan al prestamista, se encuentra inmerso, el pago mensual de los impuestos, junto al seguro , intereses del préstamo y abonos al capital.

En los casos mas desfavorables, pueden encontrarse deudas de impuestos, pero no lo suficientemente altas como para ir a una subasta de tax deed.

Una propiedad puede ir a una subasta de foreclosure debido a la falta de pagos de la hipoteca, asociación o gravámenes. Mientras que en una subasta de tax deed, la propiedad se subasta para recuperar los impuestos impagos.

Capítulo 3: Proceso de Foreclosure- Desde el Pre-Foreclosure hasta la Subasta:

1.- Concepto de Pre-foreclosure y como funciona.

La etapa de pre-foreclosure es el período que transcurre entre el momento en que un propietario falta a los pagos de la hipoteca y el momento en que la propiedad pasada a venta corta o "short sale".

La etapa de pre-foreclosure es el período que transcurre entre el momento en que un propietario falta a los pagos de la hipoteca y el momento en que la propiedad pasada a venta corta o "short sale". Durante esta fase, el propietario ha incumplido con los pagos de la hipoteca, pero la propiedad aún no ha sido tomada por el prestamista.

En Estados Unidos, la pre-foreclosure es el tiempo en el que el propietario puede tener la oportunidad de resolver la situación, ya sea poniéndose al día con los pagos atrasados, refinanciando la hipoteca o vendiendo la propiedad antes de que se lleve a cabo la subasta de ejecución hipotecaria.

Este período puede variar dependiendo de las leyes estatales y el acuerdo hipotecario específico, y durante este tiempo, el propietario tiene la oportunidad de trabajar con el prestamista para encontrar soluciones antes de perder la propiedad.

Los inversionistas expertos y adinerados de bienes raíces a menudo se interesan en la pre-foreclosure ya que puede representar una oportunidad para adquirir propiedades a precios por debajo del mercado, negociar directamente con el propietario en dificultades financieras y evitar el proceso de subasta.

2.- Short sale como alternativa para evitar un foreclosure.

Tras transitar sin éxito por la fase de pre-foreclosure, donde el propietario enfrenta dificultades financieras al incumplir con los pagos hipotecarios, se abre la puerta a una alternativa conocida como "short sale" o venta corta.
En este punto crítico, propietario y prestamista exploran la posibilidad de vender la propiedad por un valor inferior al saldo pendiente de la hipoteca, en un esfuerzo por evitar la ejecución hipotecaria

Esta estrategia, aunque compleja, representa una oportunidad para mitigar pérdidas significativas y salvaguardar el historial crediticio del propietario, al tiempo que permite al prestamista recuperar parte de la deuda pendiente. El prestamista generalmente perdona la diferencia entre el monto obtenido en la venta y el saldo restante de la hipoteca.

Esto puede ayudar al propietario a evitar la ejecución hipotecaria y a mitigar el impacto negativo en su historial crediticio.

El propietario debe demostrar al prestamista que está enfrentando dificultades financieras significativas y que la venta corta es la mejor opción disponible. Además, el comprador interesado en adquirir la propiedad debe presentar una oferta válida que, una vez aceptada por el propietario, se envía al prestamista para su aprobación.

Una venta corta puede llevar tiempo y requerir aprobación tanto del propietario como del prestamista, ya que ambas partes deben estar de acuerdo con los términos de la transacción.

Este proceso varía en complejidad y duración dependiendo de la cooperación entre las partes involucradas y los requisitos específicos del prestamista.

3.- Descripción del proceso de Subasta y su importancia.

La subasta de foreclosure es un procedimiento legal mediante el cual una propiedad hipotecada se vende públicamente para saldar la deuda del propietario con el prestamista. Este proceso es crucial en el ámbito inmobiliario y consta de varias etapas:

1.- Notificación de ejecución hipotecaria:

Antes de la subasta, se emite una notificación de ejecución hipotecaria, anunciando la venta pública de la propiedad debido al incumplimiento del propietario con los pagos hipotecarios.

2.-Anuncio de la subasta:

La fecha, hora y lugar de la subasta se anuncian con antelación, y la propiedad se ofrece al mejor postor.

Generalmente, estas subastas se llevan a cabo en la sede del condado donde se encuentra la propiedad.

3.-Proceso de la subasta: Durante la subasta, los postores interesados compiten ofreciendo precios por la propiedad. La propiedad se vende al postor que ofrece la oferta más alta, pero debe pagar en efectivo, transferencia o cheque certificado antes de cumplir 24 horas luego de haber ganado la subasta.

4.-Confirmación del precio: En algunos estados, luego de la subasta, el tribunal debe confirmar la validez de la venta y el precio alcanzado, mediante un certificado de venta, el cual es emitido al momento de hacer el pago de la subasta a la Corte. Esta confirmación garantiza que el proceso se haya llevado a cabo de manera justa y legal.

La importancia de la subasta de foreclosure radica en varios aspectos:

1.-Recuperación de la deuda:

Permite al prestamista recuperar parte o la totalidad de la deuda pendiente por el incumplimiento de los pagos hipotecarios.

2.-Oportunidad de inversión:

Para inversores inmobiliarios, las subastas de foreclosure representan una oportunidad de adquirir propiedades a precios por debajo del mercado, lo que puede generar ganancias significativas en el mercado inmobiliario.

3.-Cierre de casos de morosidad:

Para los propietarios con dificultades financieras, la subasta puede representar el final de un proceso de morosidad y la posibilidad de un nuevo comienzo financiero, aunque con la pérdida de la propiedad.

En resumen, la subasta de foreclosure es un componente fundamental del proceso legal que permite el pago de la deuda hipotecaria y ofrece oportunidades tanto para prestamistas como para inversionistas inmobiliarios, pero también marca el final de la tenencia del propietario original en la propiedad.

Capítulo 4: Notificaciones claves en el Proceso de Foreclosure.

1.-Notice of Lis Pendens: Significado y consecuencias.

Es un término legal que se utiliza en Estados Unidos para referirse a un aviso público que se registra en la oficina de registros del condado donde se encuentra una propiedad.

Este aviso notifica a terceros interesados que hay una omas acciones legales en curso que involucran esa propiedad específica.

El significado de una Notice of Lis Pendens es que alerta a posibles compradores, prestamistas u otros interesados sobre la existencia de uno mas litigios relacionados con esa propiedad. Estos podrían ser debido a disputas sobre la propiedad, a menudo asociada con una ejecución hipotecaria, un reclamo de titularidad o algún otro conflicto legal.

Las consecuencias de una Notice of Lis Pendens pueden ser varias:

1.-Impacto crediticio: Para el propietario actual, esta notificación puede afectar su historial crediticio y su capacidad para obtener financiamiento adicional.

2.-Impacto en la venta:

Suele desalentar la venta de la propiedad, ya que los compradores potenciales pueden ver el aviso como una señal de problema legal, lo que dificulta la venta hasta que se resuelva el litigio.

3.-Proceso legal:

La presencia de una Notice of Lis Pendens indica que hay un litigio en curso o pendiente que debe resolverse antes de que la propiedad pueda transferirse limpiamente a un nuevo propietario.

En resumen, una Notice of Lis Pendens es un aviso público que alerta sobre un litigio en curso que involucra una propiedad específica. Esta notificación puede tener consecuencias significativas en la venta, la capacidad crediticia y el proceso legal asociado con la propiedad.

2.- Notice of Foreclosure Sales: Información sobre la próxima subasta.

Es un aviso público emitido para anunciar la subasta de una propiedad que está siendo sometida a ejecución hipotecaria en Estados Unidos. Este aviso se publica con antelación, generalmente en periódicos locales o en sitios web designados por el estado o el condado, para informar al público sobre la fecha, hora y lugar en el que se llevará a cabo la subasta de la propiedad.

El significado de la "Notice of Foreclosure Sale" es que notifica a posibles compradores interesados y a otros involucrados sobre la venta pública de la propiedad debido al incumplimiento del propietario con los pagos de la hipoteca.

Las consecuencias de esta notificación pueden ser diversas:

A.- Venta pública:

La "Notice of Foreclosure Sale" indica que la propiedad será vendida en una subasta pública, lo que atrae a inversores y compradores interesados en adquirir la propiedad.

B.-Finalización del proceso:

Esta notificación marca el final del proceso de ejecución hipotecaria y establece la fecha y lugar donde se llevará a cabo la subasta. Después de esta venta, la propiedad puede transferirse al nuevo propietario según los términos de la subasta.

C.-Oportunidades y riesgos:

Para los compradores interesados, representa una oportunidad para adquirir propiedades a precios potencialmente reducidos. Sin embargo, puede haber riesgos asociados, como el estado de la propiedad, y/o cargas legales y/o financieras adicionales.

En resumen, la "Notice of Foreclosure Sale" es un aviso público que anuncia la subasta de una propiedad debido a una ejecución hipotecaria, informando a los interesados sobre la fecha y lugar de la subasta. Esta notificación tiene implicaciones significativas tanto para los compradores potenciales como para el propietario en términos de la finalización del proceso de ejecución hipotecaria y la transferencia de propiedad.

3.- Foreclosure Judgment Entered: Confirmación legal del foreclosure.

Se refiere a la etapa final de un proceso de ejecución hipotecaria en Estados Unidos, donde un tribunal emite un fallo o una sentencia a favor del prestamista, confirmando legalmente la ejecución hipotecaria y permitiendo la venta forzada de la propiedad para saldar la deuda hipotecaria.

El significado de este término es que el tribunal ha dictaminado oficialmente que el propietario ha incumplido con los pagos de la hipoteca y que el prestamista tiene derecho a proceder con la venta de la propiedad para recuperar la deuda pendiente.

Las consecuencias de un "Foreclosure Judgment Entered" pueden ser:

A.- Autorización para la venta:

Una vez que se emite esta sentencia, el prestamista obtiene la autorización legal para proceder con la venta de la propiedad en una subasta de ejecución hipotecaria.

B.- Finalización del proceso legal:

Marca el final del proceso de ejecución hipotecaria y confirma la validez legal de la venta forzada de la propiedad.

C.- Transferencia de propiedad:

Tras la subasta y la venta, la propiedad pasa a manos del nuevo propietario, ya sea el prestamista o un comprador que haya adquirido la propiedad en la subasta.

En resumen, "Foreclosure Judgment Entered" es la confirmación legal otorgada por un tribunal que valida la ejecución hipotecaria y permite al prestamista proceder con la venta de la propiedad para recuperar la deuda. Esta etapa marca el final del proceso legal y la transferencia de propiedad a un nuevo dueño, poniendo fin a la tenencia del propietario original.

4.- Notice of Default: Indicador temprano del incumplimiento del préstamo.

 Es un aviso oficial emitido por un prestamista hipotecario en Estados Unidos cuando el titular de la hipoteca no cumple con los pagos según lo acordado en el contrato de préstamo. Este aviso es el primer paso formal en el proceso de ejecución hipotecaria y se emite cuando el propietario ha dejado de hacer los pagos hipotecarios durante un período prolongado, generalmente entre 60 y 90 días.

El significado de la "Notice of Default" es que notifica al propietario que está en incumplimiento con el préstamo hipotecario y que se corre el riesgo de que la propiedad sea sometida a ejecución hipotecaria si no se resuelve el impago.

Las consecuencias de recibir una "Notice of Default" pueden ser:

A.- Plazo para corregir el impago:
Generalmente, se otorga un período específico (conocido como "período de gracia") para que el propietario pague los atrasos o llegue a un acuerdo con el prestamista para evitar la ejecución hipotecaria.

B.- Impacto crediticio:
La "Notice of Default" afecta negativamente el historial crediticio del propietario, lo que puede dificultar la obtención de crédito en el futuro.

C.- Inicio del proceso de ejecución hipotecaria:
Si el propietario no resuelve los pagos atrasados o no llega a un acuerdo con el prestamista durante el período establecido, esto puede llevar al prestamista a iniciar formalmente el

proceso de ejecución hipotecaria, lo que eventualmente podría resultar en la venta forzada de la propiedad.

En resumen, la "Notice of Default" es una advertencia temprana de incumplimiento de pago hipotecario que notifica al propietario sobre la posibilidad inminente de ejecución hipotecaria si no se resuelve el impago dentro del período especificado. Esta notificación tiene consecuencias importantes, incluyendo el impacto en el historial crediticio y el riesgo de perder la propiedad si no se toman medidas correctivas.

5.- Notice of Trustee Sale: Anuncio formal de la subasta.

Es un aviso formal que se emite como parte del proceso de ejecución hipotecaria en Estados Unidos. Este aviso se publica públicamente para informar sobre la próxima subasta de una propiedad hipotecada debido al incumplimiento continuo en los pagos de la hipoteca por parte del propietario.

El significado de la "Notice of Trustee Sale" es indicar que la propiedad será vendida en una subasta pública, generalmente dirigida por un fiduciario designado por el prestamista hipotecario. Este aviso se publica con anticipación y contiene detalles específicos sobre la fecha, hora y lugar de la subasta, así como información sobre la propiedad que se va a subastar.

Las consecuencias de una "Notice of Trustee Sale" pueden ser:

A.- Subasta pública:

Anuncia oficialmente la venta de la propiedad en una subasta pública debido al incumplimiento continuo del propietario con los pagos hipotecarios.

B.-Oportunidad para inversores:

Atrae a compradores e inversores interesados en adquirir la propiedad en la subasta, a menudo a precios por debajo del mercado.

C.- Última oportunidad para el propietario:

Antes de la subasta, el propietario puede tratar de resolver la situación contactando al prestamista para realizar pagos atrasados, refinanciar la hipoteca o buscar otras alternativas para evitar la subasta.

D.- Transferencia de propiedad:

Después de la subasta, la propiedad se transfiere al postor ganador, ya sea el prestamista o un comprador que haya adquirido la propiedad en la subasta.

En resumen, la "Notice of Trustee Sale" es un aviso formal que anuncia la subasta pública de una propiedad debido a la ejecución hipotecaria. Esta notificación tiene como consecuencia la venta pública de la propiedad y puede representar la última oportunidad para el propietario de resolver la situación antes de la subasta y la transferencia de propiedad a un nuevo dueño.

Capítulo 5: Investigación profunda : Antes de ofertar en subasta por una propiedad.

Investigar a fondo una propiedad antes de comprarla en subasta es crucial para comprender su historial, estado legal y financiero. Esto permite evaluar posibles riesgos, deudas pendientes, y determinar su verdadero valor.

Esta investigación exhaustiva reduce sorpresas, ayuda a tomar decisiones informadas y minimiza el riesgo de adquirir una propiedad con problemas legales, o financieros ocultos.

A.- Motivo de la demanda.

Conocer el motivo de la demanda de foreclosure de una propiedad antes de comprarla en subasta es crucial porque proporciona información fundamental sobre la causa raíz del incumplimiento hipotecario. Esto puede revelar problemas legales, financieros o de propiedad que podrían afectar la viabilidad y el valor de la compra.

Comprender el motivo de la demanda ayuda a evaluar los riesgos asociados, identificar posibles complicaciones futuras y tomar decisiones informadas sobre la inversión, asegurando que esté fundamentada en una comprensión clara de la situación legal y financiera de la propiedad.

También indagaremos en la verdadera causa detrás de la primera deuda verificada y asegurada relacionada con la propiedad, lo que nos permitirá comprender con precisión qué deuda estamos solventando al ganar la subasta y efectuar el pago

Esta investigación nos brindará claridad sobre la carga financiera específica que se retira de la propiedad al momento de su adquisición, proporcionando una perspectiva integral y una base sólida para la toma de decisiones en el proceso de inversión.

2.- Tipos de crédito que afectan negativamente la inversión en una ejecucion hipotecaria (foreclosure).

A- Hipoteca Inversa o "Reverse Mortgage":

Una hipoteca inversa, también conocida como "reverse mortgage", es un préstamo especial diseñado para personas mayores de 62 años que poseen una vivienda con equidad acumulada.

En lugar de realizar pagos mensuales al prestamista, como en una hipoteca tradicional, en una hipoteca inversa, el prestamista paga al propietario, convirtiendo una porción de la equidad acumulada en efectivo.

Este tipo de préstamo permite a los propietarios mayores convertir parte del valor de su hogar en dinero en efectivo sin tener que vender la propiedad ni realizar pagos mensuales. Los fondos pueden entregarse en una suma global, como una línea de crédito o en pagos periódicos.

La deuda aumenta con el tiempo a medida que se acumulan intereses y otros costos, reduciendo la cantidad de equidad que queda en la propiedad. Normalmente, la deuda se paga cuando el propietario fallece, se muda de forma permanente o vende la propiedad.

En resumen, una hipoteca inversa permite a los propietarios mayores convertir parte del valor de su hogar en efectivo, proporcionando una fuente de ingresos adicional durante la jubilación sin tener que vender la propiedad.

B.- Préstamo Balón o "Balloon Loan":

Una hipoteca balloon o préstamo balloon es un tipo de préstamo hipotecario a largo plazo en el que el pago mensual es relativamente bajo durante la mayor parte del plazo, pero al final del período, queda un pago final sustancial, conocido como "balloon payment", que se debe saldar por completo.

En comparación con una hipoteca convencional, donde el préstamo se amortiza gradualmente durante todo el plazo, en una hipoteca balloon, el pago mensual generalmente se calcula como si el préstamo se pagara completamente en un plazo más corto, por ejemplo, 15 o 30 años, pero el saldo restante se paga en su totalidad al final, en un plazo mucho más corto.

Estos préstamos balloon pueden ser atractivos porque los pagos mensuales son menores durante la mayor parte del período, lo que puede ser beneficioso para aquellos que planean vender la propiedad o refinanciar antes de que llegue el pago balloon. Sin embargo, el pago final grande puede representar un desafío financiero si no se puede refinanciar o pagar en su totalidad al vencimiento, lo que puede llevar a la necesidad de obtener un nuevo préstamo o incluso a la venta forzada de la propiedad.

En ambos casos, estos tipos de créditos pueden tener riesgos financieros significativos, especialmente si no se comprenden completamente sus implicaciones a largo plazo o si no se tienen planes sólidos para manejar los pagos o la deuda acumulada.

Es importante considerar cuidadosamente estos aspectos antes de optar por cualquiera de estos tipos de financiamiento al comprar una propiedad en foreclosure.

3.-Asociaciones a las cuales pertenece la propiedad (si la propiedad está dentro de alguna).

La evaluación exhaustiva de la afiliación asociativa de una propiedad se revela como un factor crucial en el proceso de diligencia debida.

Identificar con precisión si una propiedad pertenece exclusivamente a una asociación o si mantiene afiliaciones con múltiples entidades reviste una importancia sustancial.

La presencia de deudas asociativas, motivo frecuente de litigios, puede extenderse no solo a una sino a varias asociaciones, agudizando la complejidad financiera y legal del activo inmobiliario. Es imperativo indagar a fondo en la estructura de afiliación, asegurando una comprensión integral de las obligaciones financieras asociadas antes de la toma de decisiones estratégicas.

La confluencia de una propiedad bajo la jurisdicción de múltiples asociaciones conlleva una complejidad notable en materia de responsabilidades financieras.

Si bien una asociación puede presentar una demanda por ejecución hipotecaria (foreclosure) debido a deudas impagas, la presencia de múltiples afiliaciones indica la probabilidad de obligaciones financieras compartidas.

Es fundamental comprender que, en esta situación, las deudas no se limitan a la entidad que inicia el proceso de foreclosure; más bien, la propiedad puede estar sujeta a compromisos financieros con todas las asociaciones a las que pertenece por igual. Esta circunstancia agrega capas de complejidad al escenario financiero, exigiendo un análisis meticuloso de las obligaciones pendientes antes de tomar decisiones estratégicas respecto a la inversión.

4.-Liens o gravámenes que pueda tener la propiedad.

La consideración minuciosa del número y la magnitud de los liens o gravámenes asociados a una propiedad resulta fundamental al abordar la compra de inmuebles en foreclosure.

La ausencia de un límite máximo establecido para la cantidad de liens o gravámenes ni para sus montos acreedores subraya la importancia de esta evaluación. Dichos liens o gravámenes, dependiendo de la entidad acreedora, podrían representar compromisos financieros más flexibles y factibles de negociar en el proceso de adquisición. El análisis detallado de estos aspectos otorga una visión precisa de las posibles deudas vinculadas a la propiedad, permitiendo una estrategia más informada y efectiva en la negociación y toma de decisiones de inversión.

Es común que los liens o gravámenes deban ser renovados anualmente mediante el pago de una tarifa correspondiente.

Esta condición brinda oportunidades de negociación, ya que, según el titular del lien o gravamen, existe la posibilidad de acordar el pago total a un valor menor que la deuda total. La naturaleza periódica de estas obligaciones financieras permite, en algunos casos, explorar acuerdos favorables para saldar estos compromisos, considerando la reducción del monto adeudado en beneficio de ambas partes involucradas en la transacción.

5.- Violaciones a los códigos de construcción del condado.

las violaciones al código de construcción de la ciudad pueden resultar en una variedad de sanciones dependiendo de la gravedad y naturaleza de la violación.

Esta Algunas posibles consecuencias podrían incluir multas monetarias, detener la obra o el proyecto de construcción, órdenes para corregir las violaciones dentro de un plazo determinado, o incluso la revocación de los permisos de construcción.

Además, si las violaciones son consideradas peligrosas o representan un riesgo para la seguridad pública, las autoridades locales pueden tomar medidas más estrictas, como ordenar la demolición de las estructuras no conformes o imponer restricciones adicionales en el uso de la propiedad.

Es esencial abordar con prontitud y corregir toda infracción al código de construcción, ya que esto no solo evita sanciones adicionales, sino que también permite la viabilidad de diversas transacciones relacionadas con la propiedad.

Desde la posibilidad de obtener financiamiento respaldado por la propiedad hasta la viabilidad de su venta a terceros, el cumplimiento normativo garantiza la validez y la capacidad de realizar negociaciones y transacciones inmobiliarias de manera efectiva y legal.

6.- Permisos de construcción vigentes y/o cerrados.

Tener permisos de construcción abiertos e inconclusos puede acarrear diversas sanciones según las regulaciones locales y la naturaleza de la situación. Algunas de las posibles consecuencias podrían incluir multas diarias por incumplimiento de los plazos establecidos en los permisos, el requerimiento de detener la obra hasta que se resuelvan las infracciones, o incluso la revocación de los permisos existentes.

Además, las autoridades locales pueden imponer penalidades financieras significativas o tomar acciones más severas si la obra inconclusa representa un riesgo para la seguridad pública o incumple de manera grave los códigos de construcción y zonificación.

Es imperativo abordar de forma pronta y corregir cualquier permiso de construcción pendiente ante las autoridades municipales para evitar sanciones adicionales y posibilitar la realización de diversas transacciones relacionadas con la propiedad. Esta corrección no solo permite la viabilidad de obtener préstamos respaldados por la propiedad, sino también facilita su venta a terceros. El cumplimiento normativo asegura la legalidad y la capacidad de llevar a cabo negociaciones y transacciones inmobiliarias con eficacia.

Es relevante señalar que el proceso de rectificación de violaciones al código de construcción y el cierre de permisos conlleva costos significativos. Este proceso implica la actualización del proyecto, la contratación de un contratista general con licencia y seguro para gestionar los nuevos permisos, así como los gastos asociados a la ejecución de la obra. Además, es importante considerar el tiempo requerido para completar estos trámites y resolver las violaciones, un proceso que puede extenderse durante un período prolongado, a veces años, antes de lograr una conclusión satisfactoria y el cierre definitivo de los permisos, junto con la reparación de las infracciones al código de construcción.

7.- Historial de la propiedad.

Es crucial comprender el historial de una propiedad antes de considerar su compra en subasta por varias razones fundamentales:

A.-Comprender la Condición de la Propiedad:
 Conocer el historial proporciona perspectivas sobre el mantenimiento, reparaciones pasadas lo cual pueda afectar el valor o la habitabilidad de la propiedad y/o reparaciones pendientes que deban ser ejecutadas.

B.-Facilitar la Toma de Decisiones:
 La información histórica permite evaluar el valor real de la propiedad y determinar si la inversión representa una oportunidad sólida o podría acarrear riesgos financieros o legales significativos.

C.-Sucesos capaces de impactar el valor de la propiedad:

Es imperativo indagar sobre los acontecimientos previos que pudieron haber tenido lugar dentro de la propiedad, ya que ciertos eventos o situaciones pasadas tienen el potencial de impactar significativamente su valor. Sucesos destacados, debido a su naturaleza, pueden influir considerablemente en la devaluación del inmueble.

En resumen, comprender el historial de una propiedad que se considera comprar en subasta es esencial para tomar decisiones informadas y evitar sorpresas financieras, legales y de otro índole adversas después de la haberla adquirido.

8.- Evaluación del vecindario.

Evaluar el vecindario donde se sitúa una propiedad en foreclosure es crucial por varias razones fundamentales:

A.- Valoración Precisa de la Propiedad: El entorno impacta directamente el valor de la propiedad. Evaluar el vecindario proporciona información sobre la calidad del área, servicios disponibles, nivel de seguridad, y prestigio del entorno, elementos que influyen significativamente en el valor de mercado.

B.-Potencial de Apreciación: Conocer el vecindario permite identificar tendencias de crecimiento, proyectos urbanísticos, mejoras en infraestructura, o futuros desarrollos que podrían impulsar la apreciación del valor de la propiedad a largo plazo.

8.- Evaluación del vecindario.

C.- Consideraciones de Reventa o Arrendamiento: El entorno influirá en la facilidad para vender o alquilar la propiedad en el futuro. Un vecindario atractivo, con buenas escuelas, servicios, y una reputación positiva, aumentará la demanda por la propiedad en el mercado de reventa o alquiler.

9.- Evaluación del atractivo y potencial de la propiedad para ser negociada:

Evaluar el atractivo y potencial negociador de una propiedad es esencial por varias razones críticas:

A.-Optimización de Negociaciones:

La evaluación del atractivo de la propiedad para ser negociada permite determinar estratégicamente su valor relativo en el mercado.

El "seller score" o puntaje de cada propiedad, que abarca aspectos como la condición, ubicación, historial, y demanda del inmueble, ofrece una métrica que facilita la fijación de precios competitivos y justos, debe ser factor importante en la evaulación.

B.-Mejora de Estrategias de Marketing:

Comprender el "seller score" de la propiedad permite desarrollar estrategias de marketing más efectivas. Este puntaje brinda información sobre las fortalezas y debilidades de la propiedad, lo que ayuda a resaltar sus puntos fuertes y a abordar áreas que podrían ser problemáticas para potenciales compradores.

C.-Facilitación de Decisiones Informadas: El "seller score" actúa como una guía para tomar decisiones informadas en términos de tiempo, esfuerzo y recursos necesarios para negociar la propiedad. Ofrece una visión integral del potencial de la propiedad en el mercado, permitiendo a los vendedores tomar decisiones estratégicas para maximizar sus oportunidades de venta.

Capítulo 6: Cancelación de subastas: Razones por las cuales pueden cancelar una subasta.

1.- Cancelación por el "County" o Condado.
Cuando una subasta de foreclosure es cancelada por el condado, generalmente significa que la subasta programada para vender la propiedad por ejecución hipotecaria ha sido suspendida o anulada por decisiones o acciones tomadas por la entidad gubernamental a nivel condado.

Estas cancelaciones pueden ocurrir por varias razones, como discrepancias legales, errores en los procedimientos de la subasta, la presentación de documentación incorrecta o incompleta, o cambios en la situación financiera del propietario original que han llevado a la detención temporal del proceso de subasta.

Es importante tener en cuenta que las razones exactas detrás de la cancelación pueden variar y generalmente se requiere una investigación más detallada para comprender completamente por qué una subasta de foreclosure específica ha sido cancelada por el condado.

2.- Cancelación por "order" u Orden de la Corte.
Cuando una subasta de foreclosure es cancelada por orden de la corte, implica que la venta previamente programada para la propiedad en cuestión ha sido detenida o anulada por decisión judicial.

Esta cancelación puede ocurrir debido a varios motivos legales que la corte determina como pertinentes, como la identificación de irregularidades en el proceso de foreclosure, la presentación de evidencia que cuestiona la validez de la ejecución hipotecaria, o la solicitud de una de las partes involucradas en el proceso legal.

Esta acción judicial puede ser resultado de objeciones legítimas planteadas por los propietarios, acreedores hipotecarios, o terceros interesados, así como por descubrimientos de irregularidades procedimentales o legales que puedan afectar la validez del proceso de foreclosure.

.

3.- Cancelación por "redeemed" o Redención.

Cuando una subasta de foreclosure es cancelada por "redeemed" significa que la propiedad, que originalmente estaba programada para ser vendida en una subasta de ejecución hipotecaria, ha sido redimida. Esto implica que el propietario o el deudor hipotecario han pagado o liquidado la deuda pendiente, incluyendo los pagos atrasados, los intereses y los costos legales, lo que ha llevado a la cancelación del proceso de foreclosure.

La redención evita la subasta y restablece los derechos de propiedad del propietario, permitiéndole mantener la propiedad, al menos temporalmente, al liquidar las obligaciones financieras vencidas.

.

Este proceso suele ser una forma de detener la ejecución hipotecaria y conservar la propiedad antes de que se lleve a cabo la venta en subasta.

4.-Cancelación por "bankruptcy" o bancarrota.

Cuando una subasta de foreclosure es cancelada debido a una bancarrota, indica que el proceso de venta de la propiedad fue interrumpido o suspendido como resultado de una presentación de bancarrota por parte del propietario o deudor hipotecario.

La presentación de una bancarrota, ya sea del capítulo 7 (liquidación) o capítulo 13 (reorganización), genera una "orden de suspensión automática" que detiene temporalmente todos los procedimientos de cobro, incluida la ejecución hipotecaria

.

Esta orden se emite para permitir al deudor reorganizar sus finanzas o liquidar sus activos bajo la supervisión de la corte de bancarrotas.

La cancelación de la subasta de foreclosure debido a una bancarrota implica que la propiedad ya no se puede vender en ese momento debido a las protecciones legales proporcionadas por la presentación de la bancarrota. La continuación o la terminación del proceso de foreclosure dependerá de las decisiones y acciones tomadas en el marco del caso de bancarrota.

5.- Cancelación por "bidder walker away" o "postor que abandona"

.Cuando una subasta de foreclosure es cancelada por "bidder walker away" o "postor que abandona", se refiere a la situación en la que un postor que participa en la subasta retira su oferta o se retira del proceso antes de que se complete la venta.

. Esta acción puede ocurrir por diversas razones, como una reconsideración de la oferta realizada, un cambio en las condiciones financieras, o simplemente una decisión estratégica de no seguir adelante con la compra en ese momento específico.

El abandono por parte del postor puede llevar a la cancelación de la subasta, lo que a menudo resulta en la reprogramación de la misma en una fecha posterior o en su cancelación definitiva, dependiendo de las regulaciones y políticas específicas del proceso de subasta y del estado de la propiedad.

6.- Cancelación por "vacated/reset After Sale" o anulado/reiniciado después de la venta.

Cuando una subasta de foreclosure es cancelada por "vacated/reset after sale", significa que la subasta ha sido anulada o restablecida después de que la venta se llevó a cabo inicialmente. Esta cancelación puede ser el resultado de diversos motivos, como discrepancias legales, irregularidades en el proceso de venta, disputas sobre la propiedad o acuerdos entre las partes involucradas.

El término "vacated" indica que la venta original ha sido anulada o anulada, mientras que "reset after sale" indica que la subasta ha sido restablecida o reiniciada después de que la venta se había completado previamente.

El término "vacated" indica que la venta original ha sido anulada o anulada, mientras que "reset after sale" indica que la subasta ha sido restablecida o reiniciada después de que la venta se había completado previamente. Este escenario podría llevar a la necesidad de repetir la subasta en una fecha posterior, tomando en cuenta las correcciones requeridas o los problemas legales subsanados.

7.- Cancelación por "judgment vacated/ Dismissed" o Sentencia Anulada/Desestimada.

Cuando una subasta de foreclosure es cancelada por "judgment vacated/dismissed", significa que la decisión legal previa relacionada con la ejecución hipotecaria ha sido anulada o desestimada por la corte.

Esta acción puede ocurrir debido a una variedad de motivos legales, como irregularidades procesales, inconsistencias en la documentación presentada, acuerdos entre las partes o decisiones judiciales que invalidan la ejecución hipotecaria.

La cancelación por "judgment vacated/dismissed" implica que el fallo o la orden judicial que autorizaba la venta en subasta ha sido revocada o desestimada, lo que interrumpe o detiene temporalmente el proceso de foreclosure. Esto puede resultar en la necesidad de revisar el caso o resolver los problemas legales antes de que se reanude el proceso de ejecución hipotecaria.

8.-Cancelación por "rescheduled" o reagendado.

Cuando una subasta de foreclosure es cancelada y etiquetada como "rescheduled", esto indica que la subasta ha sido reprogramada o pospuesta para una fecha posterior. Esta cancelación puede ser el resultado de varios factores, como cambios en los procedimientos de la subasta, decisiones judiciales, disputas legales o situaciones imprevistas que requieren que la subasta se lleve a cabo en otro momento.

La etiqueta "rescheduled" indica que, si bien la subasta no se llevó a cabo en la fecha programada originalmente, se ha planificado su realización en una fecha posterior, generalmente especificada o programada por la autoridad competente encargada de la subasta de ejecución hipotecaria.

Capítulo 7: "Maestría en Subastas: Las estrategias claves para entender las subastas y obtener el éxito".

A.- Paciencia Estratégica: La Clave del Éxito.

La paciencia estratégica juega un papel crucial en el éxito de la inversión en la compra de propiedades en foreclosure debido a la naturaleza impredecible y competitiva de las subastas. Es esencial apuntar a múltiples propiedades dado que la probabilidad de ganar una subasta es relativamente baja (33.3%), alrededor de un tercio en las opciones, debido a varios escenarios posibles: una cancelación de la subasta (33.3%), o una oferta superior a la nuestra (33.3%).

En este contexto, la garantía de ganar una subasta en el primer intento es incierta.

La clave reside en mantener una perspectiva estratégica, no enfocarse en una sola propiedad, sino tener una cartera diversificada de opciones. La idea de "no te enamores de una, enamórate de diez y luego de diez más" refleja la mentalidad necesaria para perseverar en este entorno desafiante. Es una estrategia de números, donde la perseverancia y la persistencia juegan un papel fundamental.

El énfasis en la paciencia y la fe se debe al hecho de que el proceso puede llevar tiempo, con múltiples intentos antes de obtener éxito. Mantener la fe y la determinación es esencial para seguir participando en subastas y aumentar las posibilidades de éxito a largo plazo.

El énfasis en la paciencia y la fe se debe al hecho de que el proceso puede llevar tiempo, con múltiples intentos antes de obtener éxito. Mantener la fe y la determinación es esencial para seguir participando en subastas y aumentar las posibilidades de éxito a largo plazo.. La renuncia prematura a la paciencia y la constancia resultaría en una disminución significativa de las probabilidades de éxito en la adquisición de propiedades en subasta.

B.- Proyección de Ganancias Potenciales, siempre basándonos en nuestra inversión inicial.

La proyección de ganancias potenciales basada en la inversión inicial es crucial debido a la complejidad de los costos asociados con la propiedad, los cuales a menudo no están reflejados únicamente en la diferencia entre el precio de compra en la subasta y el precio de mercado. Es esencial considerar los gastos adicionales, como deudas pendientes, costos de mantenimiento, intereses de préstamos, comisiones de agentes inmobiliarios y otros gastos operativos que impactan directamente en la rentabilidad final.

Al proyectar las ganancias basándonos en la inversión inicial, se tiene en cuenta la cantidad de capital comprometido en la adquisición y los costos que se sumarán a lo largo del tiempo.

Esto permite una evaluación más precisa del rendimiento real de la inversión, ya que refleja los costos totales asociados con la propiedad.

El ejemplo de comprar una propiedad por $100,000 y venderla por $300,000 puede parecer una ganancia de $200,000 a simple vista, pero este enfoque no tiene en cuenta los costos adicionales involucrados en el proceso. La proyección de ganancias basada en la inversión inicial proporciona una visión más realista y precisa de la rentabilidad, considerando todos los gastos necesarios para mantener y vender la propiedad. Esto permite una toma de decisiones más informada y precisa en el ámbito de las inversiones inmobiliarias.

En una inversión en propiedades de foreclosure, la expectativa es obtener un porcentaje de ganancia en relación con la inversión inicial realizada. Generalmente, se busca que esta ganancia no sea inferior al 25% del capital invertido, aunque en algunos casos puede superar este porcentaje.

Este porcentaje mínimo de ganancia del 25% se calcula en función del capital desembolsado por el inversionista.

Aunque este porcentaje puede variar dependiendo de la situación específica de cada propiedad y las condiciones del mercado, se considera una referencia prudente para asegurar una ganancia adecuada que compense los riesgos y costos involucrados en las inversiones inmobiliarias de foreclosure.

C.- Estableciendo Límites de Inversión: Maximizando las Ganancias.

Para optimizar las ganancias en inversiones, es crucial establecer un límite preciso de inversión, un concepto que denomino "Techo Máximo de Riesgo". Esta cifra, meticulosamente calculada, representa la cantidad máxima que ofreceré por una propiedad en subasta, incluso si dispongo de una liquidez superior. Esto se fundamenta en el exhaustivo análisis previo de cada propiedad, que revela una cantidad específica que garantiza una inversión segura y la consecución de al menos un 25% de ganancia.

Este enfoque estratégico reconoce que cada propiedad tiene un valor máximo de inversión, más allá del cual el riesgo supera el beneficio potencial. Establecer este "Techo Máximo de Riesgo" no solo protege la inversión, sino que también asegura una rentabilidad adecuada en línea con los riesgos asumidos. Es la combinación precisa entre una evaluación rigurosa y la gestión efectiva de riesgos que permite maximizar el potencial de ganancias en inversiones inmobiliarias.

TECHO MAXIMO DE RIESGO

El cálculo del "Techo Máximo de Riesgo" sigue una fórmula clara y precisa para determinar con exactitud el límite máximo de inversión.

Esta fórmula se basa en varios componentes esenciales que se restan del precio potencial de venta de la propiedad, proporcionando así un límite financiero seguro y fundamentado:

A.-Precio posible de venta de la propiedad: este valor se estima considerando el mercado y la evaluación de la propiedad en su estado ideal.

B.- Monto pagado en subasta: la cantidad desembolsada para adquirir la propiedad en la subasta de foreclosure.

C.-Deudas asumidas al ganar la subasta: incluye la monetización de los compromisos pendientes, como impuestos atrasados o gravámenes.

E.- Gastos de compra: engloba los costos asociados con la adquisición, como comisiones legales, tasas administrativas y otros gastos conexos.

F.-Posible remodelación: contempla los costos proyectados para cualquier trabajo de mejora o renovación requerido para poner la propiedad en condiciones óptimas.

G.-Gastos de impuestos: se refiere a los impuestos a pagar durante el proceso de compra y posteriormente mientras se mantiene la propiedad.

La fórmula, al restar estos elementos del precio potencial de venta, proporciona un límite claro y calculado de inversión. Este enfoque meticuloso y detallado garantiza una estrategia financiera sólida, al definir el máximo riesgo financiero que se puede asumir sin comprometer la rentabilidad y la seguridad de la inversión.

CUADRO RESUMEN
TECHO MAXIMO DE RIESGO

PROFIT EN $	$19,429.33

PROFIT EN %	27.88%

CUADRO FINAL Y DEFINITIVO	
PRECIO DE VENTA DE LA PROPIEDAD	$221,068.75
MONTO PAGADO EN SUBASTA	$69,698.97
DEUDAS DESPUES DE GANAR LA SUBASTA	$103,839.57
GASTOS DE COMPRA	$8,015.38
GASTOS DE VENTA	$20,085.50
TOTAL PROFIT ANTES IMPUESTOS	$19,429.33
TENGO EN MI BOLSILLO FINALMENTE	$89,128.30

4.- Lectura Detallada y comprensión de la Información ofrecida en el cuadro de la Corte.

Es imperativo familiarizarse a fondo con la información proporcionada por cada corte en el cuadro detallado de la propiedad a ser subastada. Aspectos clave incluyen:

A.-"Final judgment amount" (monto de fallo final): representa la totalidad del adeudo determinado por la corte sobre la propiedad en cuestión. Esta cifra incluye el capital inicialmente prestado, los intereses acumulados y los costos legales generados hasta la fecha del fallo final. Es crucial destacar que este monto certificado constituye la primera deuda conocida y oficial sobre la propiedad.

Además, el monto del fallo final se convierte en la cantidad de dinero que será deducida del total de las deudas pendientes asociadas a la propiedad. Este dato proporciona una perspectiva inicial sobre el monto económico que deberá ser cubierto o considerado al evaluar la situación financiera integral de la propiedad en el proceso de subasta.

IMPORTANTE: Este monto **NO** es el inicio de Subasta u "open bid".

B.-"Assessed value" (valor tasado): El "Assessed Value" (valor tasado) representa el valor impositivo definido por la autoridad fiscal local para una propiedad específica. Aunque se emplea ocasionalmente como una guía, su correlación con el valor de mercado puede ser variable.

En muchos casos, este dato no se incluye en la información proporcionada para las propiedades a subastar, lo que sugiere que su relevancia para el análisis de propiedades en proceso de foreclosure es limitada o incluso innecesaria. La ausencia de esta cifra en la documentación disponible conduce a la conclusión de que no es un factor crítico para el estudio exhaustivo de las propiedades en este contexto. Por lo tanto, su falta no representa un obstáculo en el análisis y evaluación durante el proceso de subasta de foreclosure.

C.-El "Plaintiff max bid" (oferta máxima del demandante): Es el monto máximo que el demandante, usualmente el prestamista hipotecario o acreedor, está dispuesto a ofertar por la propiedad durante la subasta.

Esta cifra marca el punto de partida, conocido como "open bid", que establece el umbral inicial para las ofertas durante la subasta. Cualquier oferta por debajo de esta cantidad será automáticamente rechazada. Es fundamental comprender que este monto establece el límite mínimo desde el cual se puede empezar a pujar durante la subasta, siendo esencial para entender el marco de negociación y los límites financieros iniciales en este proceso.

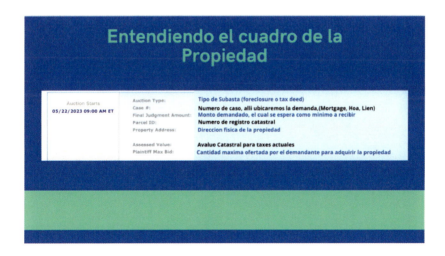

D.-5.- Comprendiendo la Distribución de Pagos en la Corte.

Cuando se efectúa un pago a la corte tras la victoria en una subasta, este se direcciona inicialmente hacia la deuda principal señalada como el "final judgment amount". Este monto, identificado como parte central de la sentencia de foreclosure que originó el proceso, recibe prioridad en la aplicación del pago. En caso de que la suma abonada exceda este monto designado como "final judgment amount", el remanente monetario se mantiene en custodia de la corte a favor del deudor original que fue demandado y perdió la propiedad en la subasta.

Es imperativo comprender que cualquier excedente no se destina ni se acredita a otras obligaciones financieras pendientes asociadas a la propiedad en cuestión

Cualquier disposición legal específica establece claramente que los saldos residuales no se utilizan para saldar o compensar otras deudas financieras pendientes vinculadas a la propiedad subastada. Esta distinción es crucial para comprender la asignación y el tratamiento de los pagos realizados a la corte luego de ganar una subasta, ya que garantiza la integridad del proceso de asignación de fondos y evita malentendidos respecto al destino de los excedentes financieros.

Auction Sold	
xx/xx/2023 10:03 AM ET	
Amount	
$235,100.00	
Sold To	
3rd Party Bidder	
Auction Type:	**FORECLOSURE**
Case #:	xxxxxxxxxxxx
Final Judgment Amount:	$94,144.10
Parcel ID:	xxxxxxxxxxxx
Property Address:	xxxxxxxxxxxx
	xxxxxxxxxxxx
Plaintiff Max Bid:	Hidden
Gano la propiedad en subasta por	235,100.00
Estoy pagando la deuda de	94,144.10
Quedan en Corte a favor del Demandado	140,955.90

Es frecuente escuchar comentarios respecto a la aparente "donación" de fondos por parte del ganador de una subasta al deudor que ha perdido la propiedad en dicho evento. Sin embargo, esta percepción no refleja la complejidad de la situación. La clave radica en la consideración integral de la suma total pagada durante la subasta, incluyendo las deudas pendientes asociadas a la propiedad en cuestión. Si este monto combinado se sitúa considerablemente por debajo del valor real de mercado, estamos ante una transacción ventajosa, a pesar de la aparente "pérdida" al transferir fondos al deudor en el tribunal. Este escenario exige una evaluación minuciosa y un cálculo preciso de todos estos elementos antes de involucrarse en la subasta.

El "techo máximo de riesgo" previamente establecido actúa como una herramienta guía esencial para analizar estas variables, permitiendo determinar si la inversión propuesta se alinea con nuestras expectativas financieras y estratégicas. Esta comprensión profunda es fundamental para tomar decisiones informadas y estratégicas en el contexto de las subastas de foreclosure.

Capítulo 8: "El Funcionamiento de las Subastas: Diferencias Clave con la Compra en el Libre Mercado de propiedades":

A.- Inspecciones pre-compra:

Adquirir una propiedad mediante una subasta de foreclosure implica asumir su condición sin la posibilidad de una inspección previa.

Adquirir una propiedad mediante una subasta de foreclosure implica asumir su condición sin la posibilidad de una inspección previa. A diferencia de las compras tradicionales con la asistencia de un agente inmobiliario que permiten visitas y análisis exhaustivos, las subastas operan bajo un marco diferente. Aquí, la propiedad está en subasta debido a la pérdida por falta de pago de una o más deudas, lo que descarta la oportunidad de inspeccionarla previamente. Una vez ganada la subasta, no se proporciona acceso a la propiedad, siendo necesario el servicio de un cerrajero para acceder y cambiar la cerradura.

Este proceso ejemplifica las particularidades y limitaciones inherentes a las subastas de foreclosure, donde el estado y acceso a la propiedad difieren notablemente de las transacciones inmobiliarias convencionales.

Estos son algunos de los riesgos que debemos reconocer y aceptar al invertir en propiedades en foreclosure.

B.- Créditos para compra.

En el contexto de las subastas, el método de pago al cierre se suele efectuar en efectivo, aunque hoy en día se han incluido alternativas como cheques de caja o transferencias bancarias. La no aceptación de créditos se fundamenta en la rapidez del proceso; una vez se gana la subasta, se dispone de un periodo de hasta 24 horas para saldar el importe ofrecido ante la corte. Este breve lapso de tiempo no permite la evaluación exhaustiva del historial crediticio ni la realización de una valoración precisa de la propiedad, por parte de ningún prestamista.

Es por eso fundamental contar con los fondos disponibles de manera inmediata al participar en subastas, ya que obtener un crédito en un plazo tan ajustado resulta inviable.

C.- Compra de la propiedad a mi gusto y exigencias.

En el contexto de las subastas, es esencial comprender su naturaleza restrictiva: aquí no pujamos por nuestras preferencias personales, sino por lo que está disponible en el proceso de subasta. Debido a esta dinámica, es importante tener en cuenta que la propiedad de nuestros sueños, con todas las características y ubicación ideal que anhelamos, es poco probable que esté incluida en los listados de subastas.

Debido a esta dinámica, es importante tener en cuenta que la propiedad de nuestros sueños, con todas las características y ubicación ideal que anhelamos, es poco probable que esté incluida en los listados de subastas. Estos listados están limitados a las propiedades publicadas por los condados en las cortes respectivas, lo que implica que no podemos asegurar ni esperar encontrar exactamente la propiedad que tenemos en mente. Por lo tanto, cometeríamos un error grave al acercarnos a una subasta con expectativas específicas, como buscar una casa de dos plantas con cuatro habitaciones, un exuberante jardín, estacionamiento para múltiples vehículos y una ubicación particular.

D.- Que determina el precio de venta de la propiedad en la subasta?

El precio final de venta en una subasta de foreclosure no guarda relación con el valor promedio de mercado, la ubicación, las características ni el estado de conservación de la propiedad. Este precio está exclusivamente determinado por el monto establecido en la sentencia de la demanda que llevó a la propiedad a la subasta. En términos simples, el valor de venta final se basa en el "final judgment amount" o monto de la sentencia, lo que brinda la oportunidad de adquirir propiedades a precios competitivos y ventajosos.

Esta dinámica independiza el valor de venta de factores externos, lo que puede resultar en la adquisición de propiedades con excelentes características a precios muy atractivos.

Capítulo 9: "Recuperación de la Propiedad en Subasta por parte del dueño : Oportunidades, Plazos y Requisitos"

A.- Tiempos de redención o "redemption time"

Durante el camino hacia una subasta por foreclosure en una corte, el propietario ha atravesado un proceso extenso con diversas oportunidades para recuperar la propiedad, desde el aviso de incumplimiento hasta el día mismo de la subasta, a través de medios legales.

Aun después de la subasta, existe la opción para el propietario de redimir la propiedad, conocido como el "redemption time" o tiempo de redención. En el estado de Florida, este plazo se extiende por 10 días hábiles a partir del pago de la subasta en la corte, brindando una ventana adicional para la recuperación de la propiedad por parte del propietario.

El propietario anterior tiene la opción de recuperar la propiedad unicamente pagando la totalidad de la deuda principal por la cual la propiedad fue subastada, además de intereses y tarifas acordadas, dentro del periodo de 10 días de redención. Si este escenario se materializa, la corte procederá a devolvernos el monto total que desembolsamos por la subasta, sin complicaciones.

Sin embargo, si el propietario anterior no realiza este pago por completo, se consumará una venta de manera perfecta, definitiva e irrevocable de la propiedad a nuestro favor.

Capítulo 10: Preparación Integral para Participar en Subastas: Requisitos Fundamentales.

Además de los requisitos económicos y el análisis minucioso de cada propiedad, existen criterios adicionales que, aunque no son esenciales en términos documentales, desempeñan un papel crucial en estas inversiones. Estos criterios son más personales y se vinculan con nuestras cualidades individuales.

En mi experiencia, considero que estos requisitos personales son fundamentales para asegurar el éxito en estas operaciones. Son los pilares sobre los cuales se sustenta una colaboración exitosa con mis clientes, y enfatizo su importancia para trabajar de manera efectiva y lograr resultados satisfactorios.

1.- Entender y conocer el Proceso de Subastas de Ejecuciones Hipotecarias o foreclosure.

A.-Proceso legal y términos clave: Familiarízate con los términos legales asociados, como "notice of default", "final judgment amount", "lien", "lis pendens", entre otros. Comprender estos conceptos te ayudará a interpretar la información relevante en los listados de subastas.

B.-Investigación detallada de propiedades: Realiza un análisis exhaustivo de cada propiedad de interés. Examina el historial de deudas, realiza investigacines en cuanto a las violaciones de códigos de construcción y permisos inconclusos, y evalúa su valor real en el mercado actual.

C.-Financiamiento y liquidez: Asegúrate de tener los fondos disponibles para pagar la subasta en caso de ganar. Recuerda que las subastas requieren un pago inmediato, lo que implica tener liquidez suficiente.

D.-Límite de inversión y estrategia clara: Establece un "techo máximo de riesgo", es decir, un límite financiero para cada inversión.

E.- Análisis del mercado local: Comprender el mercado inmobiliario local es crucial. Evalúa la demanda, tendencias de precios, y la ubicación específica de la propiedad para determinar su potencial de revalorización.

G.- Evaluar riesgos potenciales: Identifica y comprende los posibles riesgos asociados con las propiedades en subasta, como liens adicionales, demandas pendientes, o cualquier evento o proceso el cual pueda convertirse en un riesgo potencial.

H.-Asesoramiento profesional: Considera trabajar con profesionales inmobiliarios, abogados especializados en foreclosure, o agentes con experiencia en subastas. Su conocimiento puede ser invaluable al inicio.

I.-PACIENCIA ESTRATEGICA: <u>La paciencia estratégica es crucial al invertir en propiedades de foreclosure por varias razones:</u>

A.1 Competencia y baja tasa de éxito: La participación en subastas de foreclosure implica una competencia entre múltiples postores . Con solo un tercio de posibilidades de ganar cada propiedad, la probabilidad de éxito es limitada debido al número de postores interesados, y a la latente posibilidad de una cancelación previa, o durante la subasta. La espera estratégica te permite ser más selectivo y buscar las oportunidades más beneficiosas en un mercado altamente competitivo.

A.2 Análisis exhaustivo: Requiere tiempo realizar un análisis detallado de las propiedades disponibles. Es esencial examinar el historial de la propiedad, las deudas asociadas, la ubicación, el score de venta y su potencial de revalorización. La paciencia te da la oportunidad de realizar una evaluación minuciosa, reduciendo asi el riesgo de adquirir un problema y no una propiedad.

A.3 Identificación de oportunidades ocultas: A veces, las mejores oportunidades no son evidentes a primera vista. La paciencia estratégica te permite detectar propiedades con potencial de alta rentabilidad que pueden no ser atractivas para otros postores debido a su complejidad o deudas pendientes.

A.4 Conocimiento del mercado: La espera estratégica te brinda tiempo para estudiar el mercado, conocer las tendencias actuales y futuras, y comprender los factores que podrían influir en el valor y la rentabilidad de la propiedad.

A.5 Evaluación de riesgos: La paciencia te permite evaluar y mitigar riesgos potenciales. Tienes la oportunidad de revisar minuciosamente los antecedentes legales y financieros de la propiedad antes de tomar una decisión de compra.

En resumen, la paciencia estratégica es esencial al invertir en foreclosure porque te permite ser más selectivo, reducir riesgos, analizar a fondo las oportunidades y estar financieramente preparado para participar en un mercado competitivo.

A través de esta estrategia, aumentas las posibilidades de adquirir propiedades con un mayor potencial de ganancia y minimizas los riesgos asociados con la inversión en subastas de foreclosure.

B.- Constituir un Equipo de trabajo Profesional.

Conformar un equipo diversificado y experimentado es fundamental al invertir en propiedades de foreclosure por diversas razones:

B.1-Experto en subastas: Un experto en subastas comprende el proceso en profundidad, identifica oportunidades, y proporciona orientación estratégica para maximizar el potencial de éxito en las pujas.

B.2-Realtor: Un agente inmobiliario puede brindar información sobre el mercado en general, y ofrecer asesoramiento sobre el valor individual de la propiedad y las condiciones del mercado local. Ademas puede hacernos contacto con un prestamista en caso de ser necesario luego de haber ganado y pagado la propiedad en subasta.

B.3-Prestamista: Un prestamista puede ofrecer financiamiento adecuado y consejos sobre estructuras financieras óptimas para maximizar el rendimiento de la inversión. Para pagar las deudas anexas a la propiedad o incluso para remodelarla.

B.4-Contratista: Un contratista confiable puede evaluar el estado de la propiedad, proporcionar estimaciones de costos para reparaciones o renovaciones, y llevar a cabo trabajos necesarios para mejorar el valor de la propiedad.

B.5: Contador: Un contador experimentado en inversiones inmobiliarias puede brindar asesoramiento sobre aspectos fiscales, estructuras de inversión y planificación financiera para optimizar los beneficios y minimizar las obligaciones fiscales.

B.6: Abogado: Un abogado especializado en derecho inmobiliario y foreclosure puede ofrecer asesoramiento legal, revisar la documentación de la propiedad, asegurar la validez legal de la transacción y brindar protección legal ante posibles complicaciones.

Juntos, este equipo multidisciplinario aporta conocimientos especializados que abarcan desde la identificación de oportunidades, evaluación de propiedades, financiamiento adecuado, gestión legal y aspectos fiscales.

La combinación de habilidades y experiencia de estos profesionales permite abordar todos los aspectos críticos del proceso de inversión en foreclosure, maximizando las posibilidades de éxito y r**educiendo los riesgos inherentes a este tipo de inversiones inmobiliarias.**

3.- Conocimiento preciso de tus recursos financieros disponibles.

Conocer tus recursos financieros y posibilidades económicas es esencial en inversiones de propiedades en foreclosure por varias razones:

3.A-Límites de inversión: Establecer el monto máximo que puedes destinar a una inversión te ayuda a fijar un límite de riesgo financiero.
<u>Define tu propio "techo máximo de riesgo", basado en tu capital disponible y tu disposición para invertir.</u>

3.B-Evaluación de riesgos: Comprender tus recursos te permite evaluar los riesgos financieros involucrados. Determinar cuánto estás dispuesto a arriesgar y cómo afectará tu situación financiera actual es crucial.

3.B-Posibilidad de financiamiento: Conocer tus recursos financieros te ayuda a evaluar si necesitas financiamiento adicional y si cumples con los requisitos para obtener préstamos o financiamiento para inversiones.

3.C-Análisis de oportunidades: Al conocer tu capacidad financiera, podrás identificar y evaluar las oportunidades de inversión que se ajusten a tu presupuesto y estrategia financiera.

3.D-Planificación de contingencias: Comprender tus recursos te permite crear planes de contingencia para situaciones imprevistas, como gastos adicionales de reparación, costos legales o demoras en el proceso.

3.E-Negociaciones y flexibilidad: Al tener claros tus recursos, podrás negociar con mayor precisión, establecer límites y ser más efectivo en la gestión financiera de tus inversiones.

Conocer tus recursos y posibilidades económicas te proporciona una base sólida para tomar decisiones informadas y estratégicas en el proceso de inversión en propiedades en foreclosure. Esto te ayuda a mitigar riesgos financieros, optimizar oportunidades de inversión y mantener una perspectiva financiera equilibrada y controlada en todo momento.

Capítulo 11: "Procedimiento tras ganar una Propiedad en Subasta de Ejecución Hipotecaria"

Después de ganar una propiedad en una subasta de foreclosure, el procedimiento posterior es crucial para garantizar el éxito de la inversión. Aquí hay algunas razones detalladas para tener en cuenta este proceso:

1.- Obtención de la posesión física de la propiedad.

En el contexto de las subastas de foreclosure, el proceso se rige por plazos precisos y acciones concretas.

Después de haber realizado el pago por la propiedad ganada en la corte, comienza lo que se conoce como el "redemption time" o tiempo de redención, establecido en 10 días hábiles en el estado de la Florida.

Durante este lapso, el antiguo propietario tiene la oportunidad de recuperar la propiedad abonando la totalidad de la deuda que originó la demanda, junto con todos los gastos, intereses y tarifas correspondientes. Si al concluir este periodo de redención el antiguo propietario no realiza el pago requerido, la venta a nuestro favor se concreta de manera irrevocable.

A partir de ese momento, al recibir el certificado de título de la corte, que suele ocurrir al décimo día hábil después de ganar la subasta, obtenemos el derecho de tomar posesión física plena de la propiedad. En términos más simples, la obtención de este certificado marca el momento en que tenemos acceso completo y legal a la propiedad adquirida.

Este proceso se concreta aproximadamente diez días hábiles después de haber realizado el pago a la corte por la propiedad. Antes de este momento, resulta imposible inspeccionar la propiedad, ya que está en el contexto de una subasta y no está disponible como una propiedad de venta convencional en el mercado abierto.

3.- Obtención de las llaves y documentación.

Al adquirir una propiedad mediante una subasta de foreclosure, no hay intermediarios como agentes inmobiliarios facilitando la transacción, ni propietarios dispuestos a entregar las llaves.
Por ende, en ningún momento se entregan llaves de la propiedad. Es esencial contar con un cerrajero para acceder a la propiedad recién adquirida y realizar el cambio de cerraduras de manera inmediata.

De igual forma Al obtener la propiedad mediante una subasta de foreclosure, la corte emite un certificado de título que debe ser presentado a una empresa de títulos para su validación y aprobación correspondiente. Esta validación es crucial para "limpiar" el título, ya que al tratarse de una propiedad subastada por foreclosure, es común que el título esté afectado o tenga problemas que deben ser resueltos para poder negociar la propiedad de manera adecuada.

4.-Negociación de deudas pendientes.

Antes de la adquisición de una propiedad en una subasta de foreclosure, es fundamental comprender que todas las deudas y compromisos asociados a esa propiedad se transfieren al nuevo propietario.

Es responsabilidad <u>exclusiva y absoluta</u> del comprador abordar de manera inmediata todas estas obligaciones. Esto implica negociar con los acreedores para resolver las deudas pendientes de la propiedad. Además, si existen violaciones a los códigos de construcción o permisos pendientes, es imperativo contactar a las autoridades pertinentes para obtener información detallada sobre estos compromisos y buscar las vías legales y expeditas para cumplir con dichas obligaciones.

La prontitud y la integridad en abordar estos asuntos son cruciales para asegurar una transición sin contratiempos y mantener la integridad legal de la propiedad adquirida.

Es crucial iniciar inmediatamente las negociaciones con los acreedores existentes. Es esencial comprender que cualquier proceso de cobro en curso antes de la adquisición de la propiedad continúa su curso independientemente de nuestra compra en la subasta de foreclosure. Esto significa que existe el riesgo de que la propiedad se enfrente a una nueva subasta debido a deudas distintas a la que originó la primera subasta.

Ante la intransigencia de ciertos acreedores, es urgente considerar la opción de recurrir a un prestamista privado, un hard money lender, para obtener un préstamo con el fin de saldar las deudas con los acreedores principales. Esta estrategia nos permitiría consolidar la deuda bajo el prestamista privado, reduciendo así la complejidad financiera y asegurando una situación más estable para la propiedad adquirida.

Pero para lograr lo anterior, debemos actuar a tiempo , antes que los plazos caduquen.

Capitulo 12: Desmontando Mitos: La Verdad sobre las Subastas Inmobiliarias en Florida.

Es curioso escuchar a tantas personas afirmar con certeza que las subastas judiciales están plagadas de mafias y tejer leyendas sobre la compra instantánea de propiedades el mismo día del evento. No me corresponde refutar de forma categórica esos comentarios, pero simplemente puedo afirmar que, al menos en el estado de Florida, las subastas son completamente distintas a esas percepciones erróneas.Se llevan a cabo de manera online, transparente y en tiempo real.

Desde la comodidad de tu computadora, puedes presenciar el proceso de la subasta y su desenlace, con un registro completo de cada oferta, incluso con el nombre del ganador y, por ende, del nuevo propietario. No todo lo que se escucha tiene fundamento, y en este negocio, existen intereses que prefieren mantener ciertos mitos para limitar la competencia. Nosotros llegamos para desafiar esas percepciones e invertir en las subastas con total transparencia y legalidad.

Capítulo 13: Conclusiones generales

1.-Investigación exhaustiva: La investigación previa es crucial. Antes de participar en subastas, se deben conocer los detalles financieros y legales de la propiedad. Esto incluye el análisis de deudas, violaciones a códigos vigentes de construcción , historial detallado de propiedad y cualquier restricción legal.

2.-Riesgos y precauciones: La inversión en foreclosure implica riesgos, desde incertidumbre en la propiedad hasta posibles deudas asociadas. Es esencial tener un enfoque cauteloso y estar preparado para afrontar desafíos legales y financieros.

3.-Responsabilidades: Al ganar una propiedad en subasta, se asumen todas sus responsabilidades, incluyendo deudas y obligaciones legales. Es fundamental abordar estas responsabilidades de manera proactiva y rápida.

4.-Asesoramiento profesional: Contar con un equipo de expertos, desde abogados hasta realtors, prestamistas y contratistas, es esencial para navegar por los aspectos legales, financieros y de gestión de la propiedad.

<u>5.-Paciencia y estrategia:</u> La inversión en propiedades de foreclosure requiere paciencia y una estrategia clara.No siempre se encontrará la propiedad ideal de inmediato y puede tomar tiempo asegurar una inversión exitosa.

6.-Planificación financiera: Es imperativo tener una comprensión clara de los recursos financieros disponibles y establecer un límite de inversión máximo para evitar riesgos financieros excesivos.

7.-Seguridad y legalidad: Una vez adquirida la propiedad, la seguridad física, la legalidad del título y la resolución de deudas y obligaciones deben ser prioridades inmediatas para evitar problemas legales futuros.

En resumen, la inversión en propiedades de foreclosure puede ser lucrativa, pero requiere una <u>diligencia meticulosa</u>, <u>una comprensión completa de los riesgos y una gestión proactiva</u> y responsable para garantizar el éxito a largo plazo.
La formación de un equipo experto y el entendimiento detallado de todo el proceso son fundamentales para tomar decisiones informadas y mitigar los riesgos involucrados en este tipo de inversiones.

DEDICATORIA

En este momento de reflexión y gratitud, deseo compartir mi profundo agradecimiento a Dios por la inmensa bondad que ha derramado en mi vida. Cada desafío, cada momento de aprendizaje que alguna vez percibí como obstáculo, ha sido en realidad una valiosa lección para comprender mejor el mundo que me rodea y aprender a vivir plenamente.

Agradezco a Dios por cada oportunidad, cada experiencia y cada encuentro, ya que cada uno ha contribuido a mi crecimiento personal y profesional. Estoy agradecido por cada enseñanza, cada logro y cada dificultad, ya que todo ha sido parte de mi camino hacia la realización personal y el entendimiento más profundo.

Además, quiero expresar mi eterna gratitud hacia mi madre, quien, estando presente en este mundo, me dio todo lo que necesitaba para convertirme en quien soy hoy. Su amor, sabiduría y sacrificio han sido la luz que ha iluminado mi camino en momentos oscuros y la inspiración detrás de cada logro. Aunque ahora está en el cielo, su espíritu vive en mí, siendo mi ángel guardián que me guía con su amor y sabiduría.

Este libro, fruto de mi camino y aprendizaje, está impregnado con la esencia de las lecciones que Dios y mi madre han grabado en mi corazón. Es un homenaje a su amor, su fortaleza y su eterno legado. Que estas páginas reflejen la gratitud que siento hacia ellos y que también puedan brindar luz y conocimiento a quienes las lean.

A mis queridos seguidores en las redes sociales, gracias por acompañarme en este viaje. Sus interacciones, comentarios alentadores y apoyo constante han sido un faro de inspiración. Cada mensaje de aliento y cada interacción han significado mucho para mí, y su continuo respaldo ha sido fundamental en mi crecimiento y desarrollo.

A mis valiosos clientes, su confianza en mi ha sido un honor y un privilegio. Su lealtad y apoyo han sido el motor de mi dedicación y compromiso continuo con la excelencia. Estoy agradecido por la oportunidad de haber trabajado juntos y espero seguir siendo de ayuda en el futuro.

A quienes han adquirido este libro, mi más profundo agradecimiento. Su decisión de confiar en mí y en mi trabajo para acompañarlos en este viaje de conocimiento es un honor. Espero que las páginas de este libro sean de gran utilidad y les brinden la inspiración y sabiduría que buscan.

A cada persona que ha sido parte de este recorrido, gracias por su apoyo, su confianza y su presencia. Ustedes han sido el motor que impulsa mi pasión y dedicación. Estoy agradecido por la oportunidad de crecer, aprender y compartir este viaje con todos ustedes.

Con sincero agradecimiento y humildad,

JESÚS

"¡Felicitaciones! Ahora comprendes cómo invertir en foreclosure. Demuéstrales a aquellos que dudaban de tu éxito en este tipo de inversión que la educación es la clave para triunfar en todos los aspectos de la vida."

Made in the USA
Middletown, DE
17 June 2024